Malte Rühmann • Ist es möglich, nicht erwachsen zu werden?

Malte Rühmann

# Ist es möglich, nicht erwachsen zu werden?

## Ein Versuch zur Kreativität

FRIELING

Die Deutsche Bibliothek – CIP-Einheitsaufnahme
**Rühmann, Malte:**
Ist es möglich, nicht erwachsen zu werden?: ein Versuch zur Kreativität/
Malte Rühmann. –
Orig.-Ausg., 1. Aufl. – Berlin: Frieling, 1997
(Frieling-Philosophie)
ISBN 3-8280-0397-4


Hünefeldzeile 18, D-12247 Berlin-Steglitz
Telefon: 0 30 / 7 74 20 11

ISBN 3-8280-0397-4
1. Auflage 1997
Titelgestaltung: Graphiti

Printed in Germany

# Vorwort

Dieses Buch ist paradox. Es versucht, in einer intellektuellen Sprache zu etwas hinzuführen, das mit Intellekt gar nichts zu tun hat. Aber da uns die Kinder ja andauernd direkt durch Handlung und ihre Sprache vormachen, was wir offenbar nur schwierig verstehen können, habe ich den Versuch gemacht, die größeren Menschen dort abzuholen, wo sie stehen, und in einer intellektuellen Sprache das zu umschreiben, was Kinder unmittelbar demonstrieren.

Sehr zu Dank verpflichtet bin ich Claudia Kaempffer, Thomas Meinert und Friedrich Kleine für Anregungen und die Durchsicht des Manuskripts sowie für Hilfe bei der Zusammenstellung des Materials. Außerdem danke ich allen Spießern und schwarzen Magiern, die dieses Buch bei mir dialektisch provoziert haben.

# Inhalt

Mein Pony ist weg.
Es ist weiß mit schwarzen Punkten.
Und es ist so wunder-, wunderschön.
Ja, es war gar nicht weg,
stand nur auf einem anderen Fleck.

*Svea Norkus, 10 Jahre*

# Einleitung

Der ungeheure Erfolg des Buches „Pippi Langstrumpf“ von Astrid Lindgren ist schwerlich anders erklärbar als dadurch, daß in vielen Menschen der Wunsch wohnt, wie Pippi nicht erwachsen zu werden. Bei Kindern kann man diesen Wunsch auch manchmal offen ausgesprochen hören, bei Jugendlichen schon seltener, während bei Menschen fortgeschrittenen Alters der Wunsch im allgemeinen nur noch als ein resigniertes „Es wäre schön, wenn ...“ zu vernehmen ist (vgl. z.B. den Schlager „Man müßte noch mal zwanzig sein und so verliebt wie damals ...“). Der allgegenwärtige Jugendkult erscheint dann nur noch wie ein schwaches Echo dieses einst so lebendigen Wunsches und wirkt wie das wehmütige, letzte Auskosten von etwas, das unabänderlich zu Ende geht. Der Wunsch, nicht erwachsen zu werden, wird nicht mehr als ernsthaftes Ziel gesetzt; offenbar geht alle Welt davon aus, daß dies unmöglich sei.

Im schroffen Gegensatz dazu steht der Satz von Jesus Christus: „Wenn ihr nicht umkehrt und werdet wie die Kinder, so könnt ihr nicht ins Himmelreich kommen“[1], denn indem er empfiehlt, wie die Kinder zu werden, behauptet er ja, daß dies möglich ist.

Dieser offenkundige Widerspruch zwischen dem allgemeinen Konsens darüber, daß es nicht möglich ist, nicht erwachsen zu werden, und dem, was Jesus sagt, hat mich veranlaßt zu fragen, ob philosophisch oder naturwissenschaftlich ein grundsätzlicher Zwang zum Erwachsenwerden nachgewiesen werden kann. Denn das Ziel, nicht erwachsen zu werden bzw. umzukehren und werden wie die Kinder, kann man natürlich nur erreichen, wenn man glaubt, daß dies möglich ist. Ansonsten könnte man seine Kräfte schwerlich in dem Maße bündeln, das notwendig ist, um die wahrhaft gewaltigen Widerstände der Umwelt zu überwinden. Die wichtigste Kategorie ist also der Glaube. Denn der Glaube bezieht sich ja immer auf das Nicht-empirische (an etwas, was ich sehe, brauche ich ja nicht zu glauben). Daß es empirisch ist, daß Menschen erwachsen werden, heißt ja noch nicht, daß es grundsätzlich unmöglich ist, nicht erwachsen zu werden. Bis zum Jahr 1969 war es ja auch empirisch, daß Menschen nicht auf dem Mond spazierengehen.

---

[1] Markus 10,15 und Lukas 18,17.

# 1 Begriffsbestimmungen

Es ist eine übliche wissenschaftliche Methode, eine Untersuchung so zu beginnen, daß man sich den Begriff, der den zu untersuchenden Gegenstand benennt, genauer ansieht. Im Fall des Begriffes „erwachsen" stellen wir fest, daß es sich um das Partizip Perfekt des Wortes „wachsen" handelt. Wie jedes Partizip Perfekt bezeichnet es einen Zustand des Erreichten, Abgeschlossenen, denn es ist ja „perfekt" (fertig).

Das Wort „erwachsen" bedeutet also, daß man aufgehört hat zu wachsen. Nun höre ich aus der Schar derjenigen, die es eigentlich ganz bequem finden, nicht mehr weiter wachsen zu müssen, folgenden Einwand: „Das ist doch völlig banal! Natürlich ist das Wachstum irgendwann abgeschlossen. Es wäre ja auch wohl kaum wünschenswert, immer weiter zu wachsen, denn dann würden unsere Köpfe ja alsbald über die Wolken hinaus in den Himmel ragen, und wem könnte schon daran gelegen sein?" Dieser Einwand ist natürlich richtig, aber nur so lange, wie wir den Menschen als rein körperliches Wesen betrachten. Sollte man jedoch eventuell auf die Idee kommen, den Menschen auch als geistiges Wesen anzusehen, so wäre erneut zu fragen, ob es möglich ist, geistig immer weiter zu wachsen.

Wollte also jemand ungefähr so argumentieren: „Es ist ein biologisches Faktum, daß das Wachstum nach einer gewissen Zeit abgeschlossen ist, also ist es unmöglich, nicht erwachsen zu werden", so wäre das Sophismus. Denn er hätte unzulässigerweise „Wachstum" mit „biologischem Wachstum" gleichgesetzt. Die Methode der Sophisten ist immer, daß sie einem Begriff unbemerkt eine andere Bedeutung unterschieben. So gelingt es ihnen scheinbar, alles zu beweisen oder auch das Gegenteil, wie Sokrates[2] gezeigt hat.

Ein schönes Beispiel für modernen Sophismus bietet der Beginn des Romans „1984" von George Orwell: „Das Ministerium für Wahrheit, Miniwahr in Neusprech, der Amtssprache Ozeaniens, unterschied sich verblüffend von allem, was man sonst sah (...) Von Winstons Standpunkt aus konnte man eben noch die von der weißen Front in eleganter Schrift farblich abgesetzten drei Parolen der Partei lesen:

---

2 "Sophistes" (Platon Werke).

*Krieg ist Frieden*
*Freiheit ist Sklaverei*
*Unwissenheit ist Stärke*

(...) Das Ministerium für Wahrheit beschäftigte sich mit dem Nachrichten-, Unterhaltungs- und Erziehungswesen sowie mit den schönen Künsten, das Ministerium für Frieden befaßte sich mit dem Krieg, das Ministerium für Liebe erhielt Ordnung und Gesetz aufrecht, und das Ministerium für Überfülle war für Wirtschaftsbelange zuständig."[3]

Vollkommen unverhohlen werden hier total gegensätzliche Begriffe wie „Frieden" und „Krieg" gleichgesetzt. Jedoch ist dies keineswegs nur eine Konstruktion in dem Roman „1984". Es gibt unzählige Beispiele dafür, daß Politiker mit Vorliebe vom Frieden reden, wenn sie einen Krieg planen. Ist die Gleichsetzung der Begriffe „Frieden" und „Krieg" erst einmal vollzogen, läßt es sich (mühelos) scheinbar beweisen, daß es nötig ist, Krieg zu führen, um dem Frieden zu dienen.

Dem Sophisten geht es also nicht um die Wahrheit, sondern nur um die Durchsetzung eines präjudizierten Zieles nach dem Motto: Der Zweck heiligt die Mittel. Die Reduzierung des Bewußtseins durch die Verwässerung der Begriffe nimmt er in Kauf und setzt sie sogar planmäßig zum Erreichen seiner Ziele ein. Durch die Vertauschung der Begriffe und ihrer Bedeutungen gelingt es ihm, sein Gegenüber zu benebeln und zu täuschen („täuschen" kommt von „tauschen"). Dies tut er, um seine Mitmenschen zu egoistischen Zwecken ausnutzen zu können. Einem Sophisten kann an geistiger Wachsamkeit und geistigem Wachstum nichts gelegen sein, läuft das doch seinem Ziel, die Menschen zu egoistischen Zwecken zu benebeln, zuwider. Daher wird er alles daransetzen, die geistige Entwicklung von Kindern zu begrenzen, damit er nicht durchschaut und ihm nichts von seiner Macht genommen werden kann.

Um eine sophistische „Argumentation" unmöglich zu machen, hilft nur, eine genaue Klärung der Begriffe durchzuführen und sich auf ihre Bedeutung zu einigen. Das wollen wir jetzt im Hinblick auf eine Reihe von Begriffen tun, die unzulässigerweise oft synonym gebraucht werden, obwohl sie durchaus verschiedene Dinge bezeichnen.

Einen Menschen, der rechtlich gesehen mündig ist, wollen wir als „volljährig" bezeichnen; einen Menschen, der unabhängig von seinem Alter ver-

---

3 George Orwell, "1984", Frankfurt am Main, 1984, S. 9–10.

antwortungsvoll und selbständig handelt, wollen wir als „mündig" bezeichnen; einen an Jahren fortgeschrittenen Menschen wollen wir, unabhängig von seiner körperlichen und geistigen Verfassung, als „älter" bzw. „alt" bezeichnen; einen Menschen, dessen körperliches Wachstum abgeschlossen ist, wollen wir „ausgewachsen" nennen; einen Menschen mit hochgradigen Verschleißerscheinungen wollen wir, unabhängig von seinem Alter, als vergreist" bezeichnen; einen Menschen der, unabhängig von seinem Alter, geistig weiter wächst, wollen wir als „kreativ" bezeichnen; und einen Menschen, der geistig nicht mehr wächst, sondern sich nur noch wiederholt, wollen wir einen „Spießbürger" nennen.

Diese Definition eine Spießbürgers ist uns bei Kierkegaard vorgegeben: „Spießbürgerlichkeit ist Geistlosigkeit (...) Spießbürgerlichkeit ermangelt jeglicher Bestimmung des Geistes und geht in der Wahrscheinlichkeit auf, in der das Mögliche sein bißchen Platz findet; sie ermangelt mithin der Möglichkeit, auf Gott aufmerksam zu werden. Ohne Phantasie, die dem Spießbürger stets fehlt, lebt sie dahin in einem gewissen Dunstkreis von Erfahrungen, wie es so hergehe, was da möglich sei, möge der Spießbürger im übrigen Bierzapfer sein oder Staatsminister. Dergestalt hat der Spießbürger sich selbst und Gott verloren. Denn damit er aufmerksam werde auf sich selbst und Gott, muß die Phantasie einen Menschen höher tragen als zum Dunstkreis des Wahrscheinlichen, sie muß ihn aus diesem herausreißen, und indem sie das, was das alles zureichende Maß (...) der Erfahrung überschreitet, muß sie ihn lehren, zu hoffen und zu fürchten, oder zu fürchten und zu hoffen. Aber Phantasie hat der Spießbürger nicht, er will sie nicht haben, verabscheut sie."[4]

So haben wir also gezeigt, daß es zwar unausweichlich ist, daß man im Laufe der Zeit an Jahren zunimmt, daß das körperliche Wachstum irgendwann abgeschlossen ist, daß man vor dem Gesetz volljährig wird und daß es notwendig und wünschenswert ist, selbständig und verantwortungsvoll zu handeln, daß dies aber noch keineswegs bedeutet, daß man deswegen auch geistig aufhören muß zu wachsen.

---

[4] Sören Kierekegaard, "Die Krankheit zum Tode", Düsseldorf und Köln, 1954, S. 38.

# 2 Der Aufbau des Gehirns

Als nächstes hören wir aus dem Chor derjenigen, die es eigentlich ganz bequem finden, nicht weiter denken zu müssen, die es streßloser finden, sich in Wiederholungen zu ergehen, und die dafür sogar die damit verbundenen Verschleißerscheinungen in Kauf nehmen, etwa folgendes Argument: „Es ist doch klar, daß die Zahl der Gehirnzellen begrenzt ist, und es ist bewiesen, daß die Gehirnzellen anfangen abzusterben, also muß es zwangsläufig mit der Zeit bergab gehen."

Es ist zwar unbestreitbar, daß die Zahl der Gehirnzellen begrenzt ist, und es ist auch nachgewiesen, daß die Gehirnzellen anfangen abzusterben, aber ebenso ist nachgewiesen, daß der Mensch einen geradezu gigantischen Überschuß an Gehirnzellen hat, so daß er zehnmal so alt werden könnte, als es der durchschnittlichen Lebenserwartung entspricht, und es würde dafür immer noch reichen. Das normale Absterben der Gehirnzellen fällt dabei überhaupt nicht ins Gewicht. Selbst wenn dem Menschen die Hälfte aller Gehirnzellen absterben würde, so hätte er immer noch fünfmal mehr, als er für ein Leben braucht.

Es geht dabei auch keine Information verloren, weil das Gehirn wie ein Hologramm funktioniert und Informationen mühelos auf andere Gehirnzellen übertragen werden können.

Zum Beispiel hat es Fälle von Gehirnverletzungen gegeben, wo einem Menschen durch einen Unfall oder eine Schußverletzung große Teile des Gehirns zerstört wurden, ohne daß es ihn irgendwie beeinträchtigt hätte. Hoimar von Ditfurth schreibt in seinem Buch „Der Geist fiel nicht vom Himmel": „Das Problem stellte sich mit besonderer Schärfe angesichts des von den beiden Stirnlappen gebildeten Stirnhirns (...) Alle Befunde bestätigten immer wieder aufs neue: das ganze Stirnhirn war eine einzige, riesige stumme Zone. Auch wenn man Patienten mit beträchtlichen Stirnhirnverletzungen genauestens untersuchte, Männer, denen bei einer schweren Verwundung womöglich der rechte oder linke Stirnhirnlappen mehr oder weniger vollständig zertrümmert worden war, fand man in den meisten Fällen nichts. Die Patienten konnten rechnen, lesen, schreiben, sie übten ihren Beruf mit voller Leistungsfähigkeit weiter aus, kein Test brachte irgendeinen Defekt ans Licht. Die scheinbare Funktionslosigkeit gerade des Stirnhirns aber mußte deshalb besonders grotesk wirken, weil dieser Teil entwicklungsgeschichtlich gesehen der menschlichste aller menschlichen Körperteile ist. Er muß als die vorderste Front in der Entwicklung des Großhirns gelten."[5]

Das menschliche Gehirn ist folgendermaßen aufgebaut: direkt auf der Wirbelsäule, sozusagen als Verlängerung des Rückenmarks, sitzt der sogenannte Hirnstamm. Den Hirnstamm gibt es bei allen Wirbeltieren, und er ist zuständig für physiologische Funktionen wie zum Beispiel den Herzschlag. Deswegen darf er auf keinen Fall verletzt werden, weil das den Tod zur Folge hätte. (Wenn man sich eine Pistole in den Mund steckt und schießt, so ist das tödlich, weil bei dieser Haltung der Pistole der Hirnstamm verletzt wird, während ein Schuß in die Schläfe, je nach Neigungswinkel der Pistole, nicht unbedingt tödlich sein muß.) Über den Hirnstamm wölbt sich das sogenannte Klein- oder Zwischenhirn. Das Kleinhirn gibt es ebenfalls bei allen höherentwickelten Wirbeltieren, die beweglich sind und daher in der Lage sein müssen, flexibel auf ihre Umwelt zu reagieren. Bei den Tieren ist das Kleinhirn zuständig für Dinge wie Futter sammeln und Nester bauen (also Organisation der materiellen Umwelt), bei den Menschen entspricht dies Dingen wie Geld verdienen und Bausparverträgen.

Erst bei den Halbaffen beginnt sich, entwicklungsgeschichtlich gesehen, das sogenannte Großhirn zu entwickeln, das sich noch einmal wieder über das Kleinhirn wölbt, und das, wie der Name schon sagt, vom Volumen her den meisten Platz einnimmt. Bei den Menschenaffen gibt es entwickelte Großhirne, aber einzig und allein beim Menschen gibt es das Stirnhirn. Wie groß also war die Verwunderung der Wissenschaftler, als sie feststellten, daß der allermenschlichste Teil des Gehirns scheinbar völlig funktionslos ist.

Hoimar von Ditfurth schreibt weiter: „In dem Maße, in dem das Großhirn Rindengebiete entstehen läßt, die ‚leer' sind, nicht auf bestimmte Funktionen festgelegt und daher frei verfügbar, erweitert sich der Aktionsspielraum um ein Feld offener, beliebiger Möglichkeiten unseres Verhaltens. So gesehen ist das Stirnhirn das Organ unserer Freiheit. Gerade seine (...) ‚Leere' weist es als das menschlichste unserer Organe aus. Gerade deshalb, weil es keinem bestimmten Zweck dient, steht es für alle Zwecke offen. Jetzt können wir auch verstehen, warum selbst schwerste Schädigungen hier meist keine greifbaren Ausfälle zur Folge haben: Die Elastizität und Anpassungsfähigkeit dieses auf keine bestimmte Aufgabe spezialisierten Teils der Großhirnrinde ist so groß,

---

[5] Hoimar von Ditfurth, "Der Geist fiel nicht vom Himmel", Hamburg 1976, S. 250.

daß die Funktionen zerstörter Areale in einem immer wieder überraschenden Umfang von intakt gebliebenen Stirnhirnteilen mitübernommen werden können. Dieser ‚stumme' Hirnteil, der uns einige Milliarden Nervenzellen zu beliebiger Verwendung zur Verfügung stellt, ist der materielle Grund für die unerschöpfliche Vielfalt menschlicher Verhaltensmöglichkeiten."[6]

Fragt ein Mensch also nur danach: „Was werden wir essen? Was werden wir trinken? Womit werden wir uns kleiden?"[7] so bewegt er sich die ganze Zeit nur im Kleinhirn. Er beschäftigt sich ausschließlich nur mit Dingen, mit denen man sich sowieso beschäftigen muß und mit denen sich auch die Tiere beschäftigen müssen: Nahrungserwerb, Unterkunft, Fortpflanzung usw. Das eigentlich menschliche aber – Kreativität, Phantasie, Liebe, Träume, Ewigkeit – wird von ihm nicht angetastet. Er ist wie ein Schloßbesitzer, der, obwohl ihm das Schloß doch gehört, sich das ganze Leben nur in wenigen Räumen im Erdgeschoß oder im Anbau des Schlosses aufhält (Küche, Wirtschaftsräume, Schlafzimmer, was dem Kleinhirn entspricht), der aber niemals auf die Idee käme, die oberen Stockwerke seines Schlosses (das Großhirn) zu betreten und all die herrlichen Möglichkeiten zu nutzen, die ihm Bibliothek, Galerie, Musikzimmer, Sternwarte usw. bieten.

„Ja aber", höre ich eine Stimme aus dem Chor derjenigen sagen, denen es etwas zu anstrengend erscheint, die Treppe zu ihrem Großhirn hinaufzusteigen, „warum sollte ich mir denn die Mühe machen, mein Großhirn zu erforschen? Ich bleibe lieber still und bescheiden in den Gefilden meines Kleinhirns. Die Frage nach Essen, Trinken, Kleidung, Auto, Haus und Fernsehen reicht mir vollkommen." Wir wollen daher im folgenden fragen, welchen Zweck es haben könnte, sein Großhirn zu erforschen, also geistig weiter zu wachsen, also nicht erwachsen zu sein.

---

6 Ebd., S. 253.

7 Matth. 6,31.

# 3 Warum nicht erwachsen werden?

## 3.1 Biologische Gründe

Es ist ein biologisches Gesetz, daß alle Organe und Muskeln, die nicht beansprucht werden, verkümmern und sich zurückbilden (Beanspruchung heißt dabei nicht Überbeanspruchung). Wenn man nicht kaut, so bekommt man schlechte Zähne, wenn man seine Muskeln nicht trainiert, so erschlaffen sie, und wenn man sie über längere Zeit überhaupt nicht bewegt, setzt Muskelschwund ein. Das gleiche gilt, und zwar ganz besonders, fürs Gehirn.

Ständige, ausschließliche Kleinhirntätigkeit führt einerseits dazu, daß das Großhirn durch Unterbeanspruchung verkümmert, und andererseits dazu, daß das Kleinhirn durch Überbeanspruchung verschleißt. Gedächtnisstörungen, Konzentrationsschwäche und mangelnder Antrieb sind dann also nicht auf das Absterben von Gehirnzellen zurückzuführen, sondern sind die Folge einer dauerhaften, einseitigen Belastung nur eines kleinen Teils unseres Gehirns.

In der Landwirtschaft ist es eine allgemeine Erfahrung, daß man einen Boden nicht ständig, jahraus, jahrein bewirtschaften kann. Es muß auch Zeiten der Brache geben, in denen sich der ausgelaugte Boden erholen kann. Der Bauer muß dann solange auf andere Felder ausweichen. Also gerade wenn man sich die Leistungsfähigkeit des Kleinhirns erhalten will (und daß Kleinhirntätigkeit, also Organisation der materiellen Umwelt, notwendig ist, bestreitet niemand), sollte man, damit sich das Kleinhirn erholen kann, auch im Großhirn aktiv werden.

Ein Spießer hält sich jedoch ständig die ganze Zeit nur im Kleinhirn auf. Da er geistig nicht mehr weiterwächst, kann er sich immer nur wiederholen, was zu entsprechenden Verschleißerscheinungen führt. Bereits in dem Wort „Bürger“ kommt diese Tendenz zum Gewohnheitsmäßigen, Seßhaften zum Ausdruck: Ein Bürger war im Mittelalter derjenige, der sich im Schutz einer Burg niederließ, um seine Geschäfte zu tätigen. Die Gewohnheit ist eine äußerst unbewegliche Immobilie.

Will man jedoch sein Großhirn erkunden und beanspruchen, so kann man sich nicht ausschließlich im Vertrauten, Gewohnheitsmäßigen bewegen. Man muß also weiter geistig wachsen, darf also nicht „erwachsen“ werden (auch dann nicht, wenn man körperlich ausgewachsen, rechtlich mündig und auch de facto mündig ist). Immer weiteres geistiges Wachstum (dabei liegt die Betonung darauf, daß es immer weiter geht), ist nur im Großhirn möglich, weil nur hier, im Vergleich zum Kleinhirn, die Zahl der Gehirnzellen schier unermeßlich ist, und weil sich das Kleinhirn auf die materielle Umwelt, also das Endliche, Begrenzte bezieht. Im Kleinhirn kann man daher nicht qualitativ weiter wachsen (im Sinne von: die Unendlichkeit ergreifen), sondern nur quantitativ in die Breite gehen (etwa daß man zwei Autos hat statt nur einem). Wenn man also wirklich qualitativ immer weiter wachsen will (im Sinne von: immer neue Welten erobern), so muß man ins Großhirn ausweichen. Tut man das nicht, so stößt man irgendwann an die „Grenzen des Wachstums" (Club of Rome). Weil das Kleinhirn sich auf die äußere Umwelt bezieht, ist es begrenzt wie diese, unbegrenztes Wachstum ist also nicht möglich. Wenn aber kein Wachstum mehr möglich ist, setzt über kurz oder lang der Verfall ein.

## 3.2 Egoistisch-ästhetisch-hedonistische Gründe

„Ist ja alles schön und gut", höre ich die Stimme wieder, aufgeschreckt durch die Möglichkeit, die Ecke hinter dem Ofen im Kleinhirn zu verlassen, „aber ich lebe nur einmal und will mein Leben genießen. Warum sollte ich mich damit abmühen, mein Großhirn zu erforschen? Ich will Spaß und Vergnügen haben, und das reicht mir, du Streber! Was du da redest, daß nachher der Verfall einsetzt, nehme ich in Kauf. Denn solange ich jung bin, kann ich das Leben am besten genießen, und das will ich tun, denn sonst habe ich ja gar nichts vom Leben gehabt."

„Wenn du so bescheiden und genügsam bist und dich mit so wenig zufrieden gibst, so ist das deine Sache", antworte ich der Stimme. „Ich persönlich bin da viel anspruchsvoller. Ich möchte mein Leben nicht nur genießen, solange ich jung bin, sondern ich möchte mein Leben immer weiter genießen, und es soll dabei immer besser werden. Schließlich ist es mein Wunsch und Ziel, das ewige, himmlische Fest mitfeiern zu können."

Denn das bedeutet „Vergnügen": falsche Genügsamkeit, daß man sich mit zuwenig zufrieden gibt. Dadurch, daß einem gewisse, im Kleinhirn beheimatete Genüsse genügen (Essen, Trinken, Kleidung, Sex usw.), setzt jene Stagnation ein, die eben verhindert, daß man weitergeht und immer neue Welten erobert. Durch die Stagnation kann man sich nur noch wiederholen, und es ist für jeden empirisch, daß ästhetische Reize sich abnutzen, wenn sie andauernd wiederholt werden. So entsteht das Problem der Langeweile. Die Sachen machen dann am meisten Spaß, wenn sie neu sind. Nun ist aber alles immer nur eine sehr kurze Zeit neu. Wenn man dann nichts neues mehr sucht, kann man sich nur wiederholen, und der Genuß nimmt ab. Neues suchen aber bedeutet, daß man nicht stehenbleiben darf, wie es ein „Erwachsener" tut, der nicht mehr qualitativ wächst, sondern höchstens quantitativ im Kleinhirn expandiert (Zweitwagen, Ferienhaus, große Garderobe, viele Sexualpartner usw.). Wirklich Neues hingegen kann nur durch Kreativität entstehen.

Daß der Genuß bei Wiederholung abnimmt, hängt damit zusammen, daß man zum Genießen Energie braucht. Wenn man aber ständig nur konsumierend genießt, verbraucht man dabei ständig Energie. Man verbraucht sozusagen seine eigene Genußfähigkeit. Um weiter genießen zu können (so anspruchsvoll bin ich nun mal), darf man Energie nicht nur konsumieren, sondern man muß sie auch investieren, damit man wieder neue Energie erhält (das ist so ähnlich wie mit dem Geld). Indem man kreativ ist, investiert man Energie. Man erhält die investierte Energie vielfältig zurück, wenn man sich über das Geschaffene freut (vorausgesetzt, es ist mit Liebe geschaffen). Die dadurch gewonnene Energie kann dann wieder zum konsumierenden Genießen verwendet werden. Dies wiederum sollte aber nur in dem Maße geschehen, daß man nicht sein ganzes Saatgut aufißt, sondern immer noch genügend wieder für eine neue Ernte ausstreut.

## 3.3 Existentielle Gründe

Bei einem Spießbürger verblaßt immer mehr die Persönlichkeit. Er wird zu einem Eierkopf. Da er sein Leben vollkommen auf die Kleinhirntätigkeit reduziert hat und nur fragt: „Was werden wir essen, was werden wir trinken, womit werden wir uns kleiden?", verliert er seine Individualität. Denn das Bedürfnis nach Nahrungsaufnahme ist so allgemein biologisch, daß es mit der Persönlichkeit und Individualität (der Seele) eines Menschen nichts zu tun hat.

Der Spießer entwickelt also nicht seine Persönlichkeit und will sie nicht entwickeln. Wie könnte er auch, da er sich ja ständig nur wiederholt. Da er geistig nicht mehr wächst, „erwachsen" ist, kann er sich ständig nur in der Betrachtung dessen ergehen, was da ist. Davon lebt die Klatschindustrie, und daher kommen diese ständigen Gespräche über das Wetter, darüber, wer welche Krankheiten hat, was die und die Leute machen, wo man was für wieviel Geld gekauft hat usw. Alle derartigen Gespräche wirken „entpersönlichend", die Individualität nivellierend.

Wenn man sich nur in der Betrachtung der Welt und der Menschen ergeht, lebt man nicht eigentlich selbst (im Sinne von eigenem Handeln). „Es ist nämlich Geist, nach zwei Dingen zu fragen", schreibt Kierkegaard. „Erstens: Ist das, was da gesagt wird, möglich? Zweitens: Kann ich es tun? Geistlos aber ist es, nach zwei Dingen zu fragen: erstens: ist das, was da gesagt wird, wirklich? Zweitens: hat mein Nachbar Christophersen es getan, hat er es wirklich getan?"[8]

Ein Spießer versteht unter „eigenem" nur materielles Eigentum. Ansonsten kopiert und wiederholt er vorgegebene Verhaltensweisen. Zu einem eigenen Leben im Sinne von eigener Persönlichkeit bedarf es aber der Suche nach etwas Unverwechselbarem, was eben nicht durch bloße Kopie und geistige Stagnation erreichbar ist (mag der Spießer im übrigen auch so geschäftig sein, wie er will).

„In der Armut liegt ein Glanz verborgen", schreibt Ernesto Cardenal, „der Glanz des Authentischen. Ein reicher Gegenstand ist immer unrealer als ein armer. Darum sagt Henry David Thoreau, daß es wichtig für einen Menschen sei, mit einer geflickten Hose auf die Straße gehen zu können. Dieser Glanz der armen Dinge (...) ist der Glanz der nackten Materie, ist wie das Leuchten eines nackten Körpers (...). Die Falschheit des Reichtums besteht darin, daß wir das, was wir haben, mit dem verwechseln, was wir sind. Wir denken, wir wären mehr, wenn wir mehr haben. Wir kaufen einen schicken Wagen und denken, daß dieser Wagen wäre nun ein Teil unserer selbst, wie ein weiteres Glied unseres Körpers. Darum sagt der heilige Augustinus, sich vom Reichtum zu trennen, sei so schwer, wie sich von einem Glied seines Körpers zu trennen. Wenn die anderen unseren Wagen bewundern, fühlen wir uns, als ob sie uns selbst bewunderten. Darum ist Besitz eine Verfälschung unserer selbst."[9]

---

8 Sören Kierkegaard, "Studien auf des Lebens Weg", Düsseldorf und Köln, 1959, Lizensausgabe Gütersloh, S. 469.

9 Ernesto Cardenal, „Das Buch von der Liebe", Wuppertal, 1971, Lizenzausgabe Gütersloh, D. 93

Dadurch, daß dem Sicherheits- und Versorgungsdenken oberste Priorität eingeräumt wird, setzt eine Domestizierung ein, die die natürlichen Anlagen, Begabungen und Widerstandskräfte verkümmern läßt.

## 3.4 Ökonomische, ökologische und soziale Gründe

„Was immer du da sagst", meldet sich die Stimme wieder, „scheitert einfach an der Wirklichkeit. Ich habe einfach keine Zeit dazu, mich mit geistigen Dingen zu beschäftigen." Auf diesen Einwand werde ich gleich antworten.

Die Existenzweise des Habens und des bloßen Konsumierens ist sehr rohstoffintensiv und umweltschädigend, während Phantasie und Kreativität die Wirtschaft in ganz anderer Weise zu stimulieren vermögen, als durch den Raubbau von Ressourcen. Pascal sagt, „daß alles Unglück der Menschen einem entstammt, nämlich daß sie unfähig sind, in Ruhe alleine in ihrem Zimmer bleiben zu können."[10] Durch die rein konsumierende Lebensweise wird der eigentliche Teil der menschlichen Existenz ausgeblendet. Dadurch entsteht eine unerträgliche Leere, so daß man es nicht alleine im Zimmer aushalten kann, wenn nicht zumindest der Fernsehapparat läuft (horror vacui). Dieses Vakuum ist dermaßen unerträglich, daß es mit allerlei Surrogaten ausgefüllt werden muß. Die Methode gewisser Industriezweige, den Menschen „künstliche Bedürfnisse" einzureden, kann nur deshalb funktionieren, weil diese „künstlichen Bedürfnisse" auf eben jenes Vakuum stoßen, das sie dankbar aufsaugt. Wenn ich selbstgenügsam sein kann, weil mir meine Phantasie das Leben immer wieder neu und interessant zu machen vermag, habe ich es nicht nötig, meine Selbstbestätigung durch den Kauf eines Pelzmantels zu bekommen, für den viele Tiere sterben mußten.

So erwirbt sich ein Mensch, der sich seine Phantasie bewahrt, ein hohes Maß an Unabhängigkeit gegenüber seiner Umwelt, während ein Mensch, der sich der bloß konsumierenden Lebensweise verschrieben hat, sich der Versklavung durch das Geld unterwirft. „Das ist die Antwort auf deinen Einwand", sage ich zu der Stimme, „es ist nicht so, daß du dich nicht mit geistigen Dingen beschäftigen kannst, weil du keine Zeit hast, sondern weil du dich nicht mit geistigen Dingen beschäftigst, hast du keine Zeit. Schulkinder haben oft viel mehr zu tun als Berufstätige, und sie haben doch Phantasie."

---

10 Blaise Pascal, "Pensées", Heidelberg, 1978, S. 77.

Das durch die Ausblendung des eigentlich Menschlichen entstandene seelische Defizit hat Demotivation, psychosomatische Erkrankungen und Kriminalität zur Folge, was das soziale System stark belastet. Das Defizit führt dazu, daß die Menschen unfähig sind, echte, gleichberechtigte Beziehungen einzugehen. Statt dessen saugen sie sich gegenseitig aus, klammern sich aneinander und behandeln selbst ihre Mitmenschen als Konsumware. Da sie sich ganz und gar auf die Kleinhirntätigkeit beschränkt haben, können sie sich nicht wirklich geistig entwickeln und bleiben infantil oder werden es wieder. Sie sind im Grunde wie Riesenbabys, und so sehen sie auch aus. Daher stellen sie den Versorgungsgedanken über alles. Wie sollen solche verkümmerten Menschen Kinder zu geistiger Selbständigkeit erziehen? Aber gerade Leute, die niemals wirklich nach einem Sinn gesucht haben, setzen aus lauter Leere und Langeweile Kinder in die Welt und sagen dann: „Der Sinn meines Lebens sind meine Kinder". Damit jedoch haben sie die Frage nach dem Sinn des Lebens nur auf die nächste Generation abgeschoben. Deswegen werden sie nicht nur verlegen, sondern auch wütend, wenn ihre Kinder sie nach dem Sinn des Lebens fragen.

# 4 Das Land der unbegrenzten Abenteuer

## 4.1 Wie und wo ist immer neue Erkenntnis möglich?

Um diesen Fragen nachzugehen, müssen wir zunächst fragen, wie Erkenntnis überhaupt möglich ist. Einer der ersten, der diese Frage gestellt hat, war Sokrates. Bis dahin hatten sich die Philosophen in Griechenland vorwiegend mit der Betrachtung und Erkundung der Natur beschäftigt (man spricht auch von der „griechischen Naturphilosophie"). Auch Sokrates befaßte sich zunächst mit Astronomie. Eines Tages aber, so sagte er, sei er zu der Erkenntnis gekommen, daß die Astronomie nicht des Menschen Sache sei, daß er sich vor allem selber erkennen müsse. Zur Selbsterkenntnis gehört auch die Frage, wie Erkenntnis überhaupt möglich ist.

„Hier taucht nun", schreibt Kierkegaard, „die Schwierigkeit auf, auf die Sokrates im Meno als auf einen ‚streitlustigen Satz' aufmerksam macht, daß ein Mensch unmöglich suchen kann, was er weiß, und ebenso unmöglich suchen kann, was er nicht weiß, denn was er weiß, kann er nicht suchen, da er es weiß, und was er nicht weiß, kann er nicht suchen, weil er ja nicht einmal weiß, was er suchen soll. Die Schwierigkeit durchdenkt Sokrates in der Weise, daß alles Lernen und Suchen nur ein Erinnern sei, dergestalt, daß der Unwissende bloß erinnert zu werden brauche, um sich auf sich selbst zu besinnen, was er weiß. Die Wahrheit wird somit nicht in ihn hineingebracht, sondern war in ihm."[11]

Um den sokratischen Gedanken, daß alles Lernen ein Sich-erinnern ist, zu veranschaulichen, möchte ich ein Phänomen aus der Physik zu Hilfe nehmen: wenn wir ein Glas etwa zur Hälfte mit Wasser füllen und mit einem Löffel dagegenschlagen, erklingt ein bestimmter Ton. Diesen Ton kann man auf ein Tonband aufnehmen. Wenn man nun das Tonband mit diesem Ton abspielt, kann man das Glas durch sogenannte Resonanz zum Mitschwingen bringen. Wenn man das Tonband mit sehr großer Lautstärke abspielt, kann das Glas sogar platzen. Wird aber nur ein wenig Wasser von dem Glas abgegossen oder hinzugefügt, verändert sich natürlich der Ton, auf den das Glas aufgrund seiner Wasserhöhe gestimmt ist. Nun kann keine Resonanzschwingung mehr übertragen werden. Man kann das Tonband (mit dem alten Ton) so laut stellen,

---

[11] Sören Kierkegaard, "Philosophische Brosamen", München 1976, S. 17.

bis die Boxen durchfliegen, das Glas hingegen bleibt vollkommen unbeweglich. Schwingung kann also nur übertragen werden, wenn sie als Stimmung bereits latent in dem Glas vorhanden war. Genauso kann nur dann etwas zu uns herüberkommen, wenn es bereits in irgendeiner Weise in uns vorhanden ist (in dem Wort „erkennen" steckt ja auch das Wort „kennen").

„Was war es doch, was die Seelen veranlaßte, Gottes, ihres Vaters zu vergessen und ihn, an dem sie Anteil haben und dem sie angehören, und mit ihm sich selbst nicht mehr zu kennen?" fragt der Philosoph Plotin etwa 700 Jahre nach Sokrates. „Der Anfang des Unheils für sie war die Überhebung und der Werdedrang (...) und der Wille, sich selber anzugehören. Und indem sie Lust hatten an dieser Eigenmächtigkeit und sich immer mehr dem selbstischen Triebe hingaben, liefen sie den entgegengesetzten Weg, machten den Abfall immer größer und vergaßen, daß sie selbst von dorther stammen, Kindern vergleichbar, welche, früh ihrer Väter beraubt und lange entfernt von ihnen auferzogen, sich selbst und ihre Väter nicht mehr zu kennen."[12]

Plotin entwirft ein Modell der Welt, an dessen Spitze das höchste Wesen steht. Es „strömt gleichsam über, und seine Überfülle schafft das andere". Die Welt besteht also gleichsam aus lauter Ausstrahlungen, die Plotin „Emanationen" nennt.

Im 20. Jahrhundert gibt es eine Fortführung dieses Emanationenmodells bei Carlos Castaneda (Castaneda gibt als Quelle allerdings präkolumbianische Indianerkulturen an).[13] Dort wird das Emanationenmodell der Welt mit dem sokratischen Gedanken verknüpft, daß alles Lernen ein Sich-erinnern ist. Nach Castaneda besteht die Welt aus lauter Energieausstrahlungen – den Emanationen –, die von der primären Quelle aller Energie ausgesendet werden. Der Mensch besteht ebenfalls aus diesen Emanationen. Ein Seher, der in der Lage ist, Energie zu sehen, sieht den Menschen als ein Konglomerat von leuchtenden Emanationen, die ihm das Aussehen eines leuchtenden Eies verleihen. Die Emanationen außerhalb dieses „leuchtenden Eies", aus denen die Welt besteht, sind im Prinzip die gleichen wie die, aus denen das leuchtende Ei besteht, nur befinden sich außerhalb des leuchtenden Eies natürlich viel mehr als innerhalb. Erkenntnis findet nun in dem Moment statt, in dem eine äußere Emanation auf eine entsprechende innerhalb des leuchtenden Eies trifft. Dieses Mo-

---

12 Zitiert nach: H. J. Störig, "Kleine Weltgeschichte der Philosophie", Frankfurt am Main, 1969, S. 205.

13 Carlos Castaneda, "Das Feuer von Innen", Frankfurt am Main, 1985, S. 41ff.

dell bietet eine Beschreibung für den Mechanismus, wie Lernen durch Erinnern möglich ist.

Die Stelle, an der eine äußere Emanation auf eine entsprechende Emanation innerhalb des leuchtenden Eies trifft, nennt Castaneda „Montagepunkt“, weil die Wahrnehmung hier sozusagen „montiert“ wird. Bei einem Spießbürger verhält es sich nun so, daß sich der Montagepunkt immer nur an ein und derselben Stelle befindet, unverrückbar, quasi wie festgenietet. Deswegen nimmt der Spießbürger immer nur ein und dieselbe Welt wahr: die Welt der alltäglichen Dinge. Nun wird auch klar, wo sich die „anderen Welten“ befinden: Sie befinden sich in allen möglichen Regionen des leuchtenden Eies außerhalb der Stelle, wo bei einem Spießer der Montagepunkt festgeheftet ist. Es ist nun die Frage, wodurch diese Fixierung des Montagepunktes bei einem Spießer zustande kommt. Die Antwort lautet: durch das Erwachsenwerden. Denn bei Kindern ist der Montagepunkt keineswegs festgelegt, sondern frei beweglich. Deswegen können Kinder mühelos von einer Welt in die andere springen. Diese Beweglichkeit des Montagepunktes kommt zum Stillstand, wenn man aufhört, geistig zu wachsen, erwachsen wird. Denn geistiges Wachstum ist nichts anderes, als daß man nach und nach alle Emanationen im Inneren des leuchtenden Eies „aufweckt“. Dies wäre Selbsterkenntnis im sokratischen Sinn, denn nach Sokrates ist alles Lernen ein Sich-erinnern.

Wenn ein Mensch (weil das ja bequemer ist) sich nur in Wiederholungen ergeht, also ein Spießbürger ist, so erstarrt sein Montagepunkt in einer festen Position. Er kann dann nichts mehr wahrnehmen außer der Alltagswelt, und der Zugang zu anderen Welten bleibt ihm verschlossen. Deshalb reagiert er mit Unverständnis und Ärger auf Phantasie. Daher nimmt er Phantasie bei Kindern nicht ernst und tut alles, um den Kindern die Phantasie zu nehmen. Wenn bei einem Spießer der Montagepunkt unbeabsichtigt einmal doch aus der gewohnten Position gerät (etwa dadurch, daß aus irgendeinem Grund die Alltagswelt doch nicht so funktioniert wie normal) und auch der Spießer dann eine Vision hat, dann denkt er, er hätte sich das eingebildet. So könnte ein Engel vor ihm auftauchen, und er würde es nicht glauben, was er doch wahrnimmt; eher würde er glauben, daß er verrückt ist, als daß er bereit wäre, die normale Alltagswelt aufzugeben. Zum Glück für den Spießer läßt die Macht der Gewohnheit seinen Montagepunkt alsbald wieder in die übliche Position zurückfallen.

„Wenn du so sehr die Phantasie propagierst“, mischt sich die Stimme ein, „dann sage doch einmal: was ist denn mit böser oder schmutziger Phantasie?“

– Dazu sage ich, daß es für solche Phantasie keine entsprechenden Emanationen außerhalb des leuchtenden Eies gibt. Hier gilt wirklich: „Träume sind Schäume."

Wenn die Emanationen Energieausstrahlungen sind und wir die Prämisse zugrunde legen, daß nur die Liebe Energie erzeugen kann, so ist klar, daß alles, was nicht aus der Liebe kommt, keine Energie enthalten kann. Daher sagt der heilige Augustinus, „daß das Böse überhaupt keine Substanz ist"[14] (der Teufel kann keine Kinder kriegen). Darum kann das Böse nur energiezehrend wirken.

Wenn es wahr ist, daß Gott die Liebe ist (1. Joh. 4,8), so folgt daraus ferner, daß Gott nach wie vor der einzige Schöpfer ist; denn nur die Liebe vermag Energie zu erzeugen, also die Emanationen auszusenden.

Bei Castaneda wird unterschieden zwischen dem Bekannten, dem Unbekannten und dem Unerkennbaren. Dabei entspricht das Bekannte denjenigen Emanationen innerhalb des leuchtenden Eies, die bereits vom Montagepunkt berührt worden sind, das Unbekannte denjenigen innerhalb des leuchtenden Eies, die es noch nicht sind, und das Unerkennbare entspricht denjenigen Emanationen außerhalb des leuchtenden Eies, für die es keine entsprechenden innerhalb des leuchtenden Eies gibt.

Kreativität besteht nun darin, die bis dahin unerschlossenen Emanationen des leuchtenden Eies zum Aufleuchten zu bringen (durch die Verdoppelung, die eintritt, wenn eine äußere Emanation auf eine entsprechende innere trifft, wird die Leuchtkraft verstärkt, Castaneda nennt dies auch: „die Glut der Bewußtheit"). Die kreative Person stellt also eigentlich gar nichts her, sondern sie macht sich nur etwas bewußt, was vorher schon da war. (Die Sprache weiß darum: „entdecken" bedeutet ja, daß man die Decke wegzieht von etwas, was bereits da war; „erfinden" heißt, daß man etwas findet, was bereits da war; „Eingebung" bedeutet, daß da etwas in mich hineingegeben wird, was bereits da war.) Deshalb kann jede(r) kreativ sein. Man braucht dazu nicht irgendeine besondere Genialität, sondern einfach nur den Wunsch und die Energie, etwas Neues zu finden. Deswegen sind Kinder ganz selbstverständlich kreativ, obwohl sie doch gar nicht an einer Kunsthochschule studiert haben. Genialität kann geradezu hinderlich sein, die unbekannten Emanationen zum Leuchten zu bringen, denn wer seine Kreativität vor allem seinem Genie zuschreibt, kann leicht dazu verleitet werden, Konstruktionen zu bauen, für die es keine

---

14 Aurelius Augustinus, "Bekenntnisse", München, 1982, S. 106.

Emanationen gibt, die also nur energiezehrend wirken können. Sie mögen auf den ersten Blick noch so beeindrucken, stets bewirken sie beim Rezipienten jedoch nur Erschöpfung und Ausgebranntsein. Soll das Geschaffene Energie ausstrahlen, so geht das nur so, daß man sich vom einzigen Schöpfer beschenken läßt. Ein Genie kann das nicht unbedingt so gut, denn es möchte seine Schöpfung vielleicht gerne seiner eigenen Genialität zuschreiben, Kinder hingegen können es sehr gut. Da sie gar nichts haben, stehen sie mit leeren Händen da und können sich beschenken lassen. Es ist ihnen nicht peinlich, und sie freuen sich einfach. Wenn Menschen erst einmal vollständig von dem in der Gesellschaft propagierten Leistungsdenken erfaßt worden sind, können sie sich schwer beschenken lassen, denn es wird ihnen eingetrichtert, daß es kein Geschenk ohne Hintergedanken gibt.

„Wer das Reich Gottes nicht empfängt wie ein Kind, der kann nicht hineinkommen.“[15]

Es gibt aber auch Menschen, die man wohl als Genies bezeichnen muß, die aber auch in fortgeschrittenen Jahren nicht darum vergaßen, daß der eigentliche Ursprung ihrer Schöpfungen Gott ist. Johann Sebastian Bach schrieb unter jedes seiner Werke die drei Buchstaben „SDG“. Das ist die Abkürzung für „soli deo gloria“ (lat., „allein Gott die Ehre“).

Ähnliches finden wir bei Joseph Haydn. Dementsprechend ist die Musik von Bach und Haydn „ewig“, sie nutzt sich nicht ab, weil sie Energie ausstrahlt.

Weil die Emanationen die ganze Zeit da sind, ist es auch richtig, wenn Jesus Christus sagt: „Das Reich Gottes ist mitten unter euch.“[16] Energetische Welten können durchaus gleichzeitig und parallel und quer zur normalen Welt bestehen (siehe z.B. das Phänomen der Röntgenstrahlen).

Es wird auch klar, warum Kunst mehr ist als Nachahmung der Natur (Aristoteles), sondern sich auf die „geheimnisvollen Beziehungen zwischen der Natur und der Phantasie gründet“ (Claude Debussy).[17] Denn die Natur umfaßt nur einen kleinen Teil der Emanationen, diese hingegen beinhalten sämtliche über die drei normalen hinausgehenden Dimensionen und alle energetischen Welten.

Dort, in diesen Welten, wohnen Schneewittchen und Dornröschen. Es ist

---

[15] Markus, 10, 15 und Lukas 18, 17.

[16] Lukas 17,21.

[17] Jean Barraque, “Debussy”, Reinbeck bei Hamburg, 1964, S. 99.

das Land der Märchen und Träume. Mary Poppins und Peter Pan sind hier zu Hause, aber auch die Musik von Mozart, das Lied „Moonlight-shadow" von Mike Oldfield oder die Madonna von Raffael. Geschichten wie „Alice im Wunderland" oder „Pippi Langstrumpf" haben deswegen eine solche Kraft, weil Lewis Caroll und Astrid Lindgren etwas gefunden haben, was schon längst in den Emanationen vorhanden war. Durch ihre „Übersetzung" in dichterische Werke ermöglichten sie auch anderen Menschen, die entsprechenden Emanationen aufleuchten zu lassen (sich bewußt zu machen), die bei ihnen ebenfalls im leuchtenden Ei bereits vorhanden waren. Dadurch hatten sie beim Lesen ein Gefühl des Wiedererinnerns, und auf eben dieser unbewußten Vertrautheit beruht ihr Erfolg. Dieses im Menschen Innewohnen von Märchen und Mythen ist es auch, was C.G. Jung als „Archetypen" bezeichnet. Irgendeine konstruierte Geschichte hat keine entsprechenden Archetypen und kann daher niemals solch eine Kraft entwickeln wie Dornröschen.

## 4.2 Wie real sind Träume?

„Emanationen, Träume, Phantasie", redet die Stimme dazwischen, „das sind doch alles Hirngespinste. Für mich ist nur real, was ich sehen und anfassen kann." – „Du willst also sagen, daß Materie wirklich ist, Träume und Phantasie hingegen nicht?" – „Ja, so ist es, genau das will ich sagen."

Wir wollen also im folgenden untersuchen, inwieweit das Emanationenmodell naturwissenschaftlichen Erkenntnissen standhält.

Im 17. Jahrhundert äußerte Leibniz die revolutionäre Idee, daß auch die Materie aus Energie bestehen müsse (allerdings berief er sich dabei ausdrücklich auf Plotin). Ein Körper ist seiner Meinung nach nichts anderes als eine Zusammenballung von Kraftzentren. Im 20. Jahrhundert hat er durch die Naturwissenschaft recht bekommen. Laut der Formel $E = mc^2$ von Albert Einstein sind Energie und Materie äquivalent und ineinander überführbar. Deshalb läßt sich durch die Kernspaltung Energie gewinnen. Wenn in einem Atomkraftwerk Uran zertrümmert wird, so wiegt das dabei entstehende Plutonium weniger als die ursprüngliche Menge Uran. Das kommt daher, weil sich ein Teil des Urans (= Materie) in Energie umgewandelt hat. In der Sonne verschmelzen Wasserstoffatome zu Heliumatomen, dabei werden große Mengen an Energie frei. Ein Heliumatom wiegt aber weniger als zwei Wasserstoffatome, dies kommt ebenfalls daher, daß sich ein Teil der Materie in Energie verwandelt hat, und eben diese Energie empfangen wir als Sonnenlicht.

Einen weitereren Hinweis dafür, daß Materie und Energie nur zwei verschiedene Formen ein und derselben Sache sind, gibt der sogenannte Welle-Teilchen-Dualismus in der Quantentheorie von Max Planck. Nach ihr kann sich das Licht (und auch Elektronen usw.) sowohl als Teilchen (Materie) als auch als Welle (Energie) verhalten. Der Teilchencharakter des Lichts kommt zum Beispiel darin zum Ausdruck, daß das Licht imstande ist, sich durch den luftleeren Raum zu bewegen (z.B. von der Sonne zur Erde). Wäre das Licht nur Welle, so könnte es sich nicht durch das Vakuum bewegen, da es kein Medium gibt, durch das die Welle getragen werden könnte (so ähnlich, wie es keine Wellen ohne Wasser gibt). Deswegen war zum Beispiel Isaac Newton von der materiellen Natur des Lichtes überzeugt. Andererseits ist es unbestreitbar, daß das Licht Wellencharakter hat. Die Farben etwa unterscheiden sich durch die Frequenz (Wellenlänge) voneinander. Die energetische Natur des Lichtes kommt unter anderem auch darin zum Ausdruck, daß man mit Licht chemische Reaktionen in Gang bringen kann. Aus alledem folgt, daß sich das Licht sowohl als Welle (Energie) als auch als Teilchen (Materie) verhalten kann.

Wir können also sagen, daß Materie nichts anderes ist als eine Form von Energie, sozusagen gefrorene oder kristallisierte oder verklumpte Energie. Mit welchem Recht also können wir sagen, daß Materie wirklicher sei als Energie, wenn beides im Prinzip das gleiche ist? Wenn man behauptet, die starre Materie sei wirklicher als die dynamische Energie, so kommt mir das vor, als wolle man behaupten, Leichen seien wirklicher als lebendige, bewegliche Wesen.

Ich behaupte sogar, daß Energie wirklicher ist als Materie. Denn in dem Wort „wirklich“ steckt ja das Wort „wirken“. Wirken jedoch kann nur Energie. Wenn ich einen Knüppel auf den Kopf bekomme, so ist das, was da wirkt, ja wohl die Energie und nicht der Knüppel.

Nun kann aber bestimmt niemand bestreiten, daß Träume und Phantasie irgendeine Form von Energie sind (Gehirnströme oder was auch immer). Wenn Träume eine Form von Energie sind, so sind sie genauso real wie Materie, denn Materie ist auch eine Form von Energie.

Wir können sogar noch einen Schritt weiter gehen. Wenn wir die Prämisse zugrunde legen, daß nur die Liebe Energie erzeugen kann, so bedeutet das, daß nur das wirklich ist, was aus der Liebe kommt. Ich schlage daher vor, den

Satz von René Descartes: „Ich denke, also bin ich" abzuändern in: „Ich liebe, also bin ich" bzw. in: „Ich werde geliebt, also bin ich."

Das Emanationenmodell behauptet aber nun genau das, daß die Welt aus lauter Energieausstrahlungen besteht. In der modernen Physik gibt es die sogenannte „Stringtheorie", welche derzeit am besten geeignet erscheint, den Aufbau der Materie zu beschreiben. In dieser Theorie ist „das grundlegende Objekt (...) nicht das Teilchen, das nur einen einzigen Punkt im Raum einnehmen kann, sondern etwas, das eine bestimmte Länge besitzt, aber sonst keine weitere Dimension – wie ein unendlich dünnes Saitenstück, im Englischen als ‚string' bezeichnet" (Stephen Hawking).[18]

Auch mit modernen neurologischen Erkenntnissen ist das Emanationenmodell vereinbar: der Fixierung des Montagepunktes auf die alltägliche, materielle Welt entspricht der Reduktion unserer Gehirntätigkeit auf das Kleinhirn, und die brachliegenden Teile des Großhirns entsprechen den ungenutzten Emanationen im leuchtenden Ei.

Aldous Huxley schreibt in seinem Buch „Die Pforten der Wahrnehmung": „Wenn ich nachdenke, muß ich dem Philosophen C.D. Broad in Cambridge beipflichten, daß wir gut daran täten, viel ernsthafter (...) die Theorie zu erwägen, die Bergson im Zusammenhang mit dem Gedächtnis und den Sinneswahrnehmungen aufstellte, daß nämlich die Funktionen des Gehirns, des Nervensystems und der Sinnesorgane hauptsächlich eliminierend arbeiten und keineswegs produktiv sind.

Jeder Mensch ist in jedem Augenblick fähig, sich all dessen zu erinnern, was ihm je widerfahren ist, und alles wahrzunehmen, was irgendwo im Universum geschieht. Es ist die Aufgabe des Gehirns und des Nervensystems, uns davor zu schützen, von dieser Menge größtenteils unnützen und belanglosen Wissens überwältigt und verwirrt zu werden, und sie erfüllen diese Aufgabe, indem sie den größten Teil der Informationen, die wir in jedem Augenblick aufnehmen oder an die wir uns erinnern würden, ausschließen und nur eine sehr kleine und sorgfältig getroffene Auswahl übriglassen, die wahrscheinlich von praktischem Nutzen ist. Gemäß einer solchen Theorie verfügt potentiell jeder von uns über das größtmögliche Bewußtsein (...). Die verschiedenartigen anderen Welten, mit denen der Mensch hier und da einmal in Berührung gerät, stellen (...) Elemente des totalen Bewußtseins dar, das seinerseits im größtmöglichen Bewußtsein enthalten ist. Die meisten Menschen

---

[18] Stephen Hawking, "Eine kurze Geschichte der Zeit", Reinbeck, 1988, S. 199.

erfahren häufig nur das, was durch den Reduktionsfilter gelangt und was von der in ihrem Land gebräuchlichen Sprache als wirklich und wahrhaftig anerkannt wird“.[19]

[19] Aldous Huxley, “Die Pforten der Wahrnehmung”, München, 1970, S. 19.

# 5 Wodurch wird man erwachsen?

Wir wollen im folgenden genauer untersuchen, wodurch jene Reduktion des Gehirns auf das Kleinhirn bzw. die Fixierung des Montagepunktes auf die alltägliche, materielle Welt zustande kommt. Grundsätzlich ist zu sagen, daß ein „Aufsteigen ins Großhirn“ bzw. das Aufleuchtenlassen von ungenutzten Emanationen zusätzliche Energie erfordert. Erinnern wir uns an den Vergleich mit der Resonanzschwingung: Resonanz kann nur dann entstehen, wenn Sender und Empfänger gleich gestimmt sind. Die Tonhöhe hängt aber von der Frequenz (Wellenlänge) ab. Die Wellenlänge wiederum ist nichts anderes als ein genaues Maß für die Energie: je kleiner die Wellenlänge, desto größer die Energie. Damit Schwingung übertragen werden kann, muß also genau das gleiche Energieniveau da sein. Wenn also auf der Empfängerseite nicht genügend Energie vorhanden ist, kann nichts rüberkommen. Es ist wie mit einer Schleusenkammer: Damit ein Schiff auf eine andere Wasserstraße überwechseln kann, muß erst der gleiche Wasserstand erreicht sein.

Nun ist für das Erkennen von energetischen Welten ungleich mehr Energie erforderlich als für das Erkennen der materiellen Welt. Das folgt aus der Formel $E = mc^2$: E (Energie) ist gleich m (Materie) mal c (Lichtgeschwindigkeit) zum Quadrat. Das ist ein unvorstellbar hoher Wert (die Lichtgeschwindigkeit beträgt etwa 300.000 km pro Sekunde). Aus alledem folgt, daß man zum Erkennen energetischer Welten zusätzliche Energie braucht. Umgekehrt heißt das, daß, wenn die Energie abnimmt, die Fähigkeit abnimmt, andere Welten zu erkennen. Hat sie schließlich eine kritische Schwelle unterschritten, kann man nur noch die materielle Welt wahrnehmen.

Dies ist nun genau das, was sich im Verhältnis von Kindern und Spießern beobachten läßt:

Kinder haben viel Energie und können andere Welten wahrnehmen, während Spießer wenig Energie haben, die ganz und gar für den Alltag und die materielle Welt in Anspruch genommen wird. Wenn Menschen älter werden und immer mehr die Fähigkeit verlieren, andere Welten wahrzunehmen, so resultiert das aus einem schleichenden Energieverlust im Laufe der Zeit. Wie kommt es zu diesem schleichenden Energieverlust?

## 5.1 Natürlicher Energieverlust: Entropie

Entropie ist eine physikalische Größe, „die den Grad der Unordnung eines Systems angibt. Es gehört zur alltäglichen Erfahrung, daß die Unordnung in der Regel zunimmt, wenn man die Dinge sich selbst überläßt. (Um das festzustellen, braucht man nur auf alle Reparaturen an einem Haus zu verzichten.) Man kann Ordnung aus Unordnung schaffen (etwa ein Haus anstreichen), doch das kostet Anstrengung oder Energie und verringert damit die Menge der verfügbaren, geordneten Energie. Eine genaue Formulierung dieses Gedankens ist der zweite Hauptsatz der Thermodynamik. Dort heißt es, 'daß die Entropie eines isolierten Systems stets zunimmt' (Stephen Hawking).[20]

Mit anderen Worten: Die Entropie nimmt zu, wenn nicht von außen Energie zugeführt wird. Das erklärt die verschiedenen Verfallserscheinungen, die sich normalerweise mit zunehmendem Alter ergeben. Sie ließen sich nur dann aufhalten, wenn von außen Energie zugeführt werden würde. Wichtig in diesem Zusammenhang ist, daß nur die Materie der Entropie unterworfen ist, nicht aber die Energie, denn sie ist es ja, die die Entropie aufhalten kann. Energie ist also sozusagen das Gegenteil von Entropie. Je materieller also ein Mensch lebt, um so mehr ist er der Entropie unterworfen. Wir kommen alle mit einem natürlichen Energievorrat zur Welt. Neigt er sich dem Ende zu, wird die Entropie übermächtig. Bis dahin hat der Energievorrat die Entropie aufgehalten, denn solange der Mensch wächst, nimmt die Ordnung ja zu. (Insofern widerspricht die Entstehung von Leben dem zweiten Hauptsatz der Thermodynamik.)

## 5.2 Selbstverschuldeter Energieverlust: Hybris

Das Wort „hybris" ist griechisch und bedeutet soviel wie „Überhebung" oder „Selbstüberschätzung". Sie galt und gilt vielen Denkern als das größte Übel, ja als das eigentliche Übel überhaupt (vgl. z.B. die bereits zitierte Passage von Plotin über das Vergessen der Seelen ihres Ursprungs).

Bei den Griechen findet die Hybris wohl ihre charakteristischste Gestalt in der Geschichte von Ikarus und Daedalus. Nachdem sich Daedalus und sein

---

[20] Stephen Hawking, "Eine kurze Geschichte der Zeit", Reinbeck, 1988, S. 132.

Sohn Ikarus Flügel aus Wachs gemacht hatten und sie so fliegend ihrer Gefangenschaft auf einer Insel entkommen konnten, wurde Ikarus in seiner Freude darüber, fliegen zu können, größenwahnsinnig. Er flog immer höher und höher und kam dadurch der Sonne so nahe, daß seine Flügel aus Wachs zu schmelzen anfingen, und er stürzte ins Meer.

In der Bibel weisen der Schöpfungsbericht („Ihr werdet sein wie Gott") oder die Geschichte vom Turmbau zu Babel auf die Hybris hin. In der Theologie des Mittelalters galt sie neben der Wollust und Faulheit als eine der drei Hauptsünden.

In seinem Märchen „Vom Fischer un sien Fru" beschreibt Phillip Otto Runge ebenfalls die Hybris.

Bei Meister Eckhart ist zu lesen: „Alles Gestürm und aller Unfriede kommt allemal vom Eigenwillen, ob man's merke oder nicht."[21] Carlos Castaneda berichtet von einem Gespräch mit dem Indianer Juan Matus: 'Der Eigendünkel ist dein größter Feind. Denk mal darüber nach: was uns schwächt, ist unser Gefühl, durch das Tun und Lassen unserer Mitmenschen verletzt zu sein. Unser Eigendünkel bewirkt, daß wir uns die meiste Zeit unseres Lebens von irgend jemand gekränkt fühlen.' Im strategischen Inventar eines Kriegers, sagte Don Juan, sei der Eigendünkel derjenige Posten, der die meiste Energie verbrauche – daher das Bestreben, ihn loszuwerden. Eines der wichtigsten Anliegen eines Kriegers ist es, diese Energie freizusetzen, um mit ihrer Hilfe dem Unbekannten entgegenzutreten."[22]

Die Hybris verführt zum Stehenbleiben, denn um weiterzugehen, müßte man sich eingestehen, daß man nicht perfekt ist (daß man nicht Gott ist), und das läßt die Hybris nicht zu.

Die Hybris führt dazu, daß man Fehler nicht zugeben kann und lieber trotzig auf Fehlern beharrt (mit allen entsprechenden Folgen), anstatt die Chance zu nutzen und aus den Fehlern zu lernen.

Die Hybris macht erwachsen, weil der Irrglaube an die eigene Vollkommenheit („Ihr werdet sein wie Gott") weiteres Wachstum nicht zuläßt.

Die Hybris führt dazu, daß man alle Energie darauf verwendet, nach außen hin zu scheinen, und verhindert so wirkliches Sein. Da die Eitelkeit ihren Maßstab ausschließlich in der (Außen-)Welt hat, lebt sie rein komparativ und kann so auf das Absolute nicht aufmerksam werden. Weil sie aufgrund ihres

---

[21] Meister Eckhart, "Deutsche Predigten", Predigt 21, München, 1963.

[22] Carlos Castaneda, "Das Feuer von Innen", Frankfurt am Main, 1985, S. 23.

rein komparativen Denkens keine wirkliche Substanz hat, versucht sie, sich aufzuplustern und mehr zu scheinen als sie ist. Alle Energie wird für dieses substanzlose Sich-aufplustern verzehrt.

Die Hybris macht unfähig zu lieben. Denn da es in der Natur der Hybris liegt, sich mit anderen zu vergleichen und mehr scheinen zu wollen, wird alles in die Frage umgewandelt, wer über wen mehr Macht hat. Über jemand Macht haben zu wollen, ist jedoch das Gegenteil von Liebe. Denn der Machthungrige stellt sich über seine Schwestern und Brüder. Wer sich aber über seine Nächsten stellt, liebt sie nicht, sondern mißachtet sie. Wenn die böse Stiefmutter fragt: „Spieglein, Spieglein an der Wand, wer ist die Schönste im ganzen Land?", so kann sie nicht mehr lieben. Weil bei der bösen Stiefmutter alle Energie durch die Eitelkeit aufgezehrt wird, verlieren ihre Augen das Leuchten. Deswegen ist Schneewittchen tausendmal schöner als sie. Weil ihr Stolz sie unfähig macht zu lieben, wird ihr Lachen falsch (sehr schön beschrieben in dem Buch „Timm Thaler oder Das verkaufte Lachen" von James Krüss). Durch dieses falsche Lachen verzieht sich ihr Gesicht zu einer Grimasse. Das permanente Grimassenschneiden bewirkt, daß sie Falten bekommt und alt und häßlich wird.

Das ständige Verbrauchen von Energie für die substanzlose Hybris, die für nichts und wieder nichts Energie abzieht, wirkt wie ein Schwarzes Loch und führt dazu, daß sich auf dem leuchtenden Ei schwarze Flecken bilden, die mit der Zeit immer größer werden.

Das leuchtende Ei schrumpft zu einer Kugel zusammen, und schließlich nimmt es die Form von viereckigen Grabsteinen an.

Die Hybris macht geistlos und dumm. Wegen ihres rein komparativen Denkens mag sie sich nichts sagen lassen, mag sie auf nichts hören.

Bereits Sokrates hatte entdeckt, daß alle Menschen eine innere Stimme besitzen, die ihnen alles zuflüstert, was wichtig ist. (Wenn man die innere Stimme z.B. fragt, wieviel Blätter der und der Baum hat, erhält man keine Antwort, weil das nicht wichtig ist. Fragt man die innere Stimme hingegen, wie ich mich dem und dem Menschen gegenüber verhalten soll, so erhält man unter allen Umständen eine Antwort.)

Weil die Hybris jedoch absolut nichts über sich anerkennen mag, am allerwenigsten so eine abstrakte Macht wie die innere Stimme, will sie auf die Ratschläge der inneren Stimme nicht hören.

„Wenn die Seher sehen, dann ist dabei etwas beteiligt, das alles erklärt, während die Neu-Ausrichtung stattfindet", sagt Juan Matus zu Castaneda. „Es ist eine Stimme, die ihnen zuflüstert, worum es geht. Wenn diese Stimme nicht da ist, ist das, was der Seher tut, kein Sehen."[22a]

Selbst wenn man die Wahrheit gefunden hat, so nützt einem das gar nichts, wenn nicht auch „die Bedingung, sie zu verstehen, mit dazu gegeben" ist.[23]

Deshalb kann es möglich sein, daß ein hybrider Theologe, auf welcher Stufe der klerikalen Hierarchie er sich auch immer befinden mag, aus der Heiligen Schrift nichts als Unsinn herausholt. Seine Hybris hindert ihn, auf den Geist zu hören, der ihm sagt, wie das Gelesene zu verstehen ist. Er vertraut lieber auf seinen Verstand und seine Gelehrtheit.

Der Geist jedoch kann direkt zu einem Menschen kommen, ohne daß Rede oder Schrift oder ein Priester dazwischengeschaltet sein muß. (Der Geist ist ja auch zu Maria gekommen, ohne daß sie Theologie studiert hat.) Weil das so ist, können Kinder oft mühelos Einsichten haben (dgl. sogenannte „einfache Leute" wie Bauern, Hausfrauen), zu denen mancher Philosoph oder Theologe niemals vordringt. Deswegen spricht Martin Luther von der „Priesterschaft aller Gläubigen".

Intellektualität ist also keineswegs Voraussetzung für Inspiration. Inspiration heißt ja, daß der Geist in mich hereinkommt: spiritus (lat.) = der Geist. Damit der Geist in mich hereinkommen kann, muß ich leer sein, weil da sonst sozusagen kein Platz für den Geist ist. „Kein Gefäß kann zweierlei Trank in sich fassen. Soll es Wein enthalten, so muß man notgedrungen das Wasser ausgießen; das Gefäß muß leer und ledig werden"[24] , schreibt Meister Eckhart. Dem Intellektuellen kann also sein Wissen sogar hinderlich sein, weil es ihn „voll" macht. Je eitler er ist, um so schwerer fällt es ihm, sein Wissen auszugießen und somit Platz zu schaffen, damit der Geist einziehen kann.

Überhaupt ist Intellekt keineswegs gleichzusetzen mit „Geist" (wie das oft getan wird), denn der Intellekt bezieht sich auf die endliche Welt (alles, was meßbar, zählbar, wägbar ist, ist dem Intellekt zugänglich). Der Geist hingegen bezieht sich auf das Unendliche, Ewige. Wer sich also aufgrund seiner Hybris auf den Verstand versteift (seinen Montagepunkt auf die materielle Welt fixiert), blockiert damit seine Verbindung mit dem Geist.

---

22a Carlos Castaneda, a. a. O., S. 63.

23 Sören Kierkegaard, "Philosophische Brosamen", München 1976, S. 23.

24 Meister Eckhart, "Das Buch der göttlichen Tröstung", 2. Kapitel, München, 1963.

Die Hybris führt dazu, daß wir in Selbstbetrachtung erstarren (was etwas anderes ist als Selbsterkenntnis). Die Selbsterkenntnis versucht, bisher unbekannte Dinge aus dem Verborgenen zu holen und ist dynamisch, während die narzistische Selbstbetrachtung sich immer nur im Bestehenden verliert und somit in den Dornröschenschlaf fällt.

Das Übersteigerungsbedürfnis der Hybris, mehr scheinen zu wollen, als was man ist, treibt einen zum Schauspielern. Durch das permanente Schauspielern glaubt man schließlich selbst an das, was man ständig anderen vorspielt, identifiziert sich mit seiner Rolle so sehr, daß man vergißt, daß es ja nur eine Rolle ist, vertauscht diese Rolle mit seiner eigentlichen Persönlichkeit und verliert so seine Identität. Die Menschen erscheinen dann unecht und puppenhaft, haben keine Widerstandskräfte und fürchten nichts so sehr wie ungewohnte Situationen, weil dann ja ihre Maskerade versagen könnte.

## 5.3 Fremdverschuldeter Energieverlust: Die schwarzen Magier

Eine Möglichkeit, sich Energie zu beschaffen, wäre theoretisch, Energie anderen Menschen zu stehlen. Natürlich ist das reichlich kurzsichtig, denn jeder Parasit macht sich von seinem Wirt abhängig und kommt mit ihm um. Wenn es jedoch die Hybris verhindert, sich direkt von der Quelle der Energie beschenken zu lassen, bleibt einem nichts anderes übrig.

Die schwarzen Magier leben davon, andere Menschen zu hypnotisieren (= deren Bewußtsein auf sie zu fixieren), um ihnen so Energie abzuzapfen. Schwarze Magier finden sich unter allen möglichen Berufsgruppen wie Lehrer, Künstler, Priester, Ärzte, Politiker, Psychologen usw. Es handelt sich um Leute, die, anstatt ihre Nächsten zu lieben, Spaß daran haben, Macht über sie auszuüben. Nach Immanuel Kant jedoch darf man niemals in einem Menschen nur ein Mittel sehen, sondern muß ihn zugleich immer auch als Zweck sehen.[25] Der schwarze Magier (oder Sophist) sieht in seinen Mitmenschen immer nur ein Mittel. Das macht seine Hybris, daß er sich so über sie stellt. (Der Begriff „Menschenmaterial“ ist eine besonders perverse Ausprägung dieser Denkungsart.)

---

25 Immanuel Kant, “Grundlegung zur Metaphysik der Sitten”, gleich ganz zu Anfang.

Damit die schwarzen Magier ihre Opfer hypnotisieren können, müssen sie deren Bewußtsein fixieren. Dies ist aber nicht möglich, wenn der Montagepunkt frei beweglich ist. Daher setzen die schwarzen Magier alles daran, Phantasie und Kreativität (= frei beweglicher Montagepunkt) bei Kindern zu zerstören. Sie ermutigen nicht die Kinder, ihre Phantasie und Kreativtät zu entwickeln, sondern entmutigen und behindern sie, wo sie nur können. Sie erklären die energetischen Welten, zu denen die Phantasie führt, für irreal und behaupten, nur die Materie sei wirklich.

Kierkegaard beschreibt das so: „Falls ein Jüngling, der in seiner Kindheit mit Märchen aufgezogen worden ist und also mit dem Gedanken an Ungeheuer, die in den Wäldern hausen, aber schließlich totgeschlagen werden, vertraut ist, zum Kampfe gerüstet mit einem ungeheuren Schlachtschwert an der Seite und ebenso ungeheurem Mut im Herzen, in die Wirklichkeit hinausginge, so könnte ihm kaum etwas Sonderbareres zustoßen, als was jenem Jüngling in der bestehenden Christenheit begegnen würde. Begegnete ihm nämlich ein Ungeheuer, das noch sonderbarer wäre als eines, von denen er gehört oder gelesen hätte, so würde nicht das das Sonderbare sein, würde jedenfalls keine Rolle spielen im Vergleich mit dem seltsamen, was ihm begegnete, daß er nämlich überhaupt nichts entdecken könnte, daß einem Ungeheuer ähnlich sähe. Da käme dann nämlich ein freundlicher, älterer Herr zu ihm und sagte: Mein junger Freund, Sie befinden sich in einem Irrtum; Sie befinden sich nicht in der Märchenwelt, sondern in der zivilisierten und polierten Welt, wo es keine solchen Ungeheuer gibt, wo Sie unter gebildeten und wohlerzogenen Menschen leben, und wo außerdem die Polizei über die Sicherheit, die Geistlichkeit über die Sittlichkeit wacht, und wo die Gasbeleuchtung auf der Straße die Nacht ebenso sicher macht wie den Tag. Stecken Sie darum Ihr Schwert in die Scheide und lernen Sie, was nun, wo die Zeit der Ungeheuer längst vorbei ist, Ihre Aufgabe ist: ein umgänglicher Mensch zu sein, ganz wie die anderen; so daß Sie sich in allen Menschen selbst wiedererkennen, und jeder andere sich in Ihnen wiedererkennt bis zur denkbar größten Täuschung."[26]

Die schwarzen Magier verhindern, daß der Geist in die Kinder einzieht, indem sie die Kinder mit lauter totem Wissen anfüllen, so daß sie „voll" werden (daß nur Wasser in dem Glas sein kann, aber kein Wein). Einem schwarzen Magier kann nichts daran gelegen sein, daß jemand die Unendlichkeit sucht,

---

26 Sören Kierkegaard, "Einübung im Christentum", München, 1977, S. 226.

denn solange dieser das tut, richtet er seine Aufmerksamkeit ja auf sein Suchen und nicht auf den schwarzen Magier

Deswegen setzen die schwarzen Magier alles daran, Kinder erwachsen (= nicht suchend) zu machen. Weil ein Erwachsener (d.h. ein geistig nicht weiter wachsender Mensch) nicht mehr sucht, ist sein Bewußtsein nicht mehr beweglich und daher fixierbar. So hat der schwarze Magier leichtes Spiel mit ihm. Bei Kindern hingegen ist das Bewußtsein beweglich. Diese Beweglichkeit des Bewußtseins versucht der schwarze Magier den Kindern zu nehmen, damit er sie hypnotisieren kann, um ihnen so Energie zu stehlen und sie für seine egoistischen Zwecke ausnutzen zu können.

So ist auch zu erklären, daß schwarze Magier ziemlich wütend werden, wenn jemand wirklich an Gott glaubt. Denn er betet dann ja Gott an und nicht den schwarzen Magier. Dergestalt verhindern die schwarzen Magier unter den Priestern oft geradezu, daß jemand Gott findet, denn sie erklären, daß nur durch sie der Weg zu Gott führt („Nur wenn du zu mir in die Kirche kommst, kannst du in den Himmel kommen"). Ist ein armer Kirchgänger erst einmal von diesem Irrglauben infiziert, so fällt es ihm schwer, direkt auf den Geist zu hören (was Kinder ohne weiteres können). Statt dessen ist das Bewußtsein des Kirchgängers nun ganz auf einen solchen Priester fixiert. Nun hört er nur noch auf den Priester statt auf den eigentlichen Hirten („Meine Schafe hören meine Stimme")[28] .

Ein schwarzer Magier ist natürlich nicht kreativ, denn sonst bräuchte er ja kein Parasitendasein zu führen. Auf wirklich kreative Menschen wird er daher rasend eifersüchtig (so ähnlich, wie Männer manchmal auf Frauen eifersüchtig werden, weil nur Frauen Kinder kriegen können). So wie die böse Stiefmutter Schneewittchens (wahre) Schönheit nicht ertragen kann und Schneewittchens Lunge und Leber essen will, so will der schwarze Magier das gelebte Gegenbeispiel dessen, was er selber ist, vernichten. Wenn also die schwarzen Magier ihren Mitmenschen die schöpferische Energie stehlen wollen („Heute back ich, morgen koch ich, übermorgen hol ich der Königin ihr Kind"), so müssen sie ihre Mitmenschen verwirren und benebeln, damit niemand ihre wahren Absichten erkennt („Ach wie gut, daß niemand weiß, daß ich Rumpelstilzchen heiß!"). Die wichtigsten Mittel dazu sind: den Kopf vollstopfen mit nutzlosem Wissen, unbemerktes Einstreuen von Irrationalismen und Sophismus.

---

28 Joh. 10,3.

# 6 Was kann man tun, um nicht erwachsen zu werden?

## 6.1 Lernen, suchen, fragen

Wenn „erwachsen“ bedeutet, daß man geistig nicht weiter wächst (daß man körperlich nicht weiter wächst, ist ja banal), dann lautet das Gegenmittel zum Erwachsenwerden: geistiges Wachstum. Wenn die Beobachtung nicht täuscht, daß Erwachsene mit der Zeit immer müder werden, so lautet das Gegenmittel hierzu ebenfalls: geistiges Wachstum. Geistiges Wachstum jedoch ist gleichbedeutend mit Mehrung des Bewußtseins, und diese wiederum ist gleichbedeutend mit: immer wacher werden.

Ich muß hier aber noch einmal betonen, daß geistiges Wachstum nichts mit intellektuellem In-die-Breite-gehen zu tun hat. Das Geistige hat stets die Dimension des Unendlichen und Ewigen, wohingegen eine bloße Anhäufung von Wissen, ein Sich-verlieren in Detailfragen stets im Endlichen verharrt, nicht lebendiges Entdecken des Neuen, Unbekannten ist. Kennzeichen dafür, daß man nicht nur intellektuell expandiert, sondern wirklich neue Welten erobert (im Sinne von wahrnehmen, erkennen), ist jenes prickelnde, abenteuerliche Gefühl des qualitativ völlig Neuen. In meinem Wunsch, mein Leben zu genießen, suche ich dieses Gefühl. Alles andere langweilt mich. Man mag die Entdeckung von etwas völlig Neuem auch als „Kreativität“ bezeichnen.

Die schwarzen Magier, die kein Interesse an solchen lebendigen, wachen Wesen haben, die ihr Bewußtsein mehren (denn die schwarzen Magier wollen bei den Menschen lieber das Bewußtsein reduzieren, um sie für ihre egoistischen Zwecke einspannen zu können), versuchen die Köpfe der Menschen mit lauter unfruchtbarem Wissen anzufüllen, damit da kein Raum ist für Inspiration. Denn dann würden die Menschen ja auf den Geist (lat.: Spiritus) hören und nicht auf die schwarzen Magier. Das Gegenmittel besteht darin, die Füllstoffe, mit denen die schwarzen Magier die Köpfe blockieren, aus dem Kopf zu werfen, als ob eine Vogelmutter Kuckuckseier aus dem Nest wirft. Dies geschieht einfach dadurch, daß man die Füllstoffe als solche identifiziert. Nur solange ich sie anbete, das heißt mein Montagepunkt auf sie fixiert ist und ich quasi von ihnen hypnotisiert bin, haben sie Macht über mich. Sobald ich erkenne, daß sie keine Energie ausstrahlen, das heißt keine eigene Substanz haben, lösen sie sich in nichts auf. In dem Maße, wie ich die Füllstoffe wieder aus dem Kopf werfe, zieht der Geist von selber ein (so wie ein Gas stets jeglichen verfügbaren Raum einnimmt). „So weit du ausgehst aus allen Dingen, so weit, nicht weniger und nicht mehr, geht Gott ein mit all dem Seinen, dafern du in allen Dingen dich des Deinen völlig entäußerst“ (Meister Eckhart).[29]

Wenn man wie Sokrates das Lernen auffaßt als ein Sich-erinnern, so kann man nach und nach immer mehr Emanationen zum Aufleuchten bringen. Dies ist freilich genau die umgekehrte Lehrmethode wie die der schwarzen Magier. Diese sollte nicht „Erziehung“, sondern „Vollstopfung“ genannt werden. Erziehung im wörtlichen Sinne hingegen kann nur sokratisch verstanden werden: daß da nämlich etwas herausgezogen wird, was vorher schon im Menschen war. Deshalb antwortete Sokrates auf die Frage, was er denn von Beruf sei: Hebamme. Denn er hole aus den Menschen nur etwas heraus, was vorher bereits in ihnen drin war. Getreu seiner Überzeugung hat Sokrates daher auch niemals Wissen doziert oder aufgeschrieben, sondern stets im Gespräch mit einzelnen, konkreten Menschen diese zum Fragen und Suchen veranlaßt. Durch geschickte Fragestellungen von Sokrates wurden sie sich bewußt, daß sie bereits alles wußten.

Ein Spießer ist deswegen arrogant, weil er nicht mehr fragt (lat. rogare = fragen). Ohne Fragen aber ist kein geistiges Wachstum möglich. Nur wer fragt, will selbst, von sich aus lernen. Nur dann ist er wirklich eine Persönlichkeit (ansonsten ist er ja vollständig fremdbestimmt). Alles Lernen, das nicht (auch) durch eigenes Fragen geschieht, ist fremdes Wissen von außen, das durchaus nicht geeignet ist, die Persönlichkeit zu entwickeln („entwikkeln“ heißt ja, daß man etwas auswickelt, was vorher bereits dagewesen ist). Wer selbst nicht fragt, liefert sich vollkommen dem aus, was andere Leute sagen und ist ein gefundenes Fressen für die schwarzen Magier.

An dieser Stelle meldet sich noch einmal jene Stimme zu Wort, die jene Behäbigkeit, die sie „Ruhe“ und „Sicherheit“ nennt, dem Abenteuer der Unendlichkeit vorzieht. Es ist der letzte Busch, hinter dem sie sich zu verstecken versucht. „Da haben wir's“, sagt die Stimme, „das Problem ist eben, daß ich zu dumm bin. Bei mir gibt es nichts zu entwickeln.“ Zu diesem Thema erfahren wir etwas in dem Gleichnis von den drei Talenten („Talent“ ist eine altgriechische Maßeinheit für Geld und Münzen): „Das Himmelreich ist wie mit

---

29 Meister Eckhart, “Reden der Unterweisung”, a. a. O., 4. Rede.

einem Menschen, der außer Landes ging: er rief seine Knechte und vertraute ihnen sein Vermögen an; dem einen gab er fünf Zentner voll Silber; dem anderen zwei, dem dritten einen, jedem nach seiner Tüchtigkeit, und zog fort. Sogleich ging der hin, der fünf Zentner empfangen hatte, und handelte mit ihnen und gewann weitere fünf dazu. Ebenso gewann der, der zwei Zentner empfangen hatte, zwei weitere dazu. Der aber einen empfangen hatte, grub ein Loch in der Erde und verbarg das Geld seines Herrn. Nach langer Zeit kam der Herr dieser Knechte und forderte Rechenschaft von ihnen. Da trat herzu, der fünf Zentner empfangen hatte, und legte weitere fünf dazu und sprach: Herr, du hast mir fünf Zentner anvertraut; siehe, ich habe damit weitere fünf Zentner gewonnen. Da sprach der Herr zu ihm: Recht so, du tüchtiger und treuer Knecht, du bist über wenigem treu gewesen, ich will dich über viel setzen; geh hinein zu deines Herrn Freude! Da trat auch herzu, der zwei Zentner empfangen hatte, und sprach: Herr, du hast mir zwei Zentner anvertraut, siehe da, ich habe damit zwei weitere gewonnen. Da sprach der Herr zu ihm: Recht so, du tüchtiger und treuer Knecht, du bist über wenigem treu gewesen, ich will dich über viel setzen; geh ein zu deines Herrn Freude! Da trat auch herzu, der einen Zentner empfangen hatte, und sprach: Herr, ich wußte, daß du ein harter Mann bist: du erntest, wo du nicht gesät hast, und sammelst ein, wo du nicht ausgestreut hast; und ich fürchtete mich, ging hin und verbarg deinen Zentner in der Erde. Siehe, da hast du das deine. Sein Herr aber antwortete und sprach zu ihm: Du böser und fauler Knecht! Wußtest du, daß ich ernte, wo ich nicht gesät habe, und einsammle, wo ich nicht ausgestreut habe? Dann hättest du mein Geld zu den Wechslern bringen sollen, und wenn ich gekommen wäre, dann hätte ich das Meine wiederbekommen mit Zinsen. Darum nehmt ihm den Zentner ab und gebt ihn dem, der zehn Zentner hat. Denn wer da hat, dem wird gegeben werden, und er wird die Fülle haben: wer aber nicht hat, dem wird auch, was er hat, genommen werden. Und den unnützen Knecht werft in die Finsternis hinaus; da wird Heulen und Zähneklappern sein.“[30]

## 6.2 Lieben

Da es darum geht, die Entropie aufzuhalten und rückgängig zu machen, ist Energie vonnöten (vgl. den zweiten Hauptsatz der Thermodynamik). Ausge-

30 Matth. 25, 14–30.

hend von der Prämisse, daß nur die Liebe in der Lage ist, Energie zu erzeugen, führt das zu der Schlußfolgerung, daß man lieben muß, um seinen Energiepegel zu halten oder zu steigern. Daher ist es ratsam, die Liebe ernst zu nehmen und nicht mit ihr zu spielen, weil so etwas in einem Tschernobyl-ähnlichen energetischen Super-GAU enden kann. Abgewendet von der Liebe verwelkt man alsbald wie eine Blume ohne Licht.

Die Liebe kann man in den Augen der Kinder sehen.

„Das Himmelreich wird gleichen zehn Jungfrauen, die ihre Lampen nahmen und gingen hinaus, dem Bräutigam entgegen. Aber fünf von ihnen waren töricht, und fünf waren klug. Die Törichten nahmen ihre Lampen, aber sie nahmen kein Öl mit. Die Klugen aber nahmen Öl mit in ihren Gefäßen, samt ihren Lampen. Als nun der Bräutigam lange ausblieb, wurden sie alle schläfrig und schliefen ein. Um Mitternacht aber erhob sich lautes Rufen: Siehe, der Bräutigam kommt! Geht hinaus, ihm entgegen! Da standen diese Jungfrauen alle auf und machten ihre Lampen fertig. Die Törichten aber sprachen zu den Klugen: Gebt uns von eurem Öl, denn unsere Lampen verlöschen. Da antworteten die Klugen und sprachen: Nein, sonst würde es für uns und euch nicht genug sein; geht aber zum Kaufmann und kauft für euch selbst. Und als sie hingingen zu kaufen, kam der Bräutigam; und die bereit waren, gingen mit ihm hinein zur Hochzeit, und die Tür wurde verschlossen. Später kamen auch die anderen Jungfrauen und sprachen: Herr, tu uns auf! Er aber antwortete und sprach:

Wahrlich, ich sage euch: Ich kenne euch nicht. Darum wachet! Denn ihr wißt weder Tag noch Stunde.“[31]

## 6.3 Demut

„Wenn ihr nicht umkehrt und werdet wie die Kinder, so könnt ihr nicht ins Himmelreich kommen.“ – Dieser Satz scheint heute vollkommen auf den Kopf gestellt. Anstatt daß die Erwachsenen werden wie die Kinder, werden die Kinder von den Erwachsenen gezwungen, so zu werden wie sie.

Wenn wir hingegen werden wollen wie die Kinder, so müssen wir von den Kindern lernen. Die Voraussetzung dazu ist, daß wir dazu bereit sind, uns mit den Kindern auf eine Stufe zu stellen. Denn lernen kann man ja nur von je-

---

31 Matth. 25, 1–13.

mand, wenn man sich mit ihm verständigen kann. Verständigen aber kann man sich immer nur auf der gleichen Ebene. Wollen wir also von den Kindern lernen und uns mit ihnen verständigen, so dürfen wir uns nicht über sie stellen, was ja manchmal eine Spezialität der Erwachsenen ist. Das mangels eigener Substanz rein komparative Denken des Spießers führt ihn zu dem Kurzschluß, daß Menschen, die kleiner sind oder noch nicht so lange leben, deswegen dümmer seien. Um nicht die Unbequemlichkeit des eigenen Fragens und Suchens auf sich nehmen zu müssen, gibt sich der Spießer gern der Illusion hin, er werde im Laufe der Jahre quasi automatisch weiser.

Das Gegenteil ist der Fall. Wenn ein Mensch nicht weiter geistig wächst, setzt der Verfall ein und wird mit der Zeit immer schlimmer. Solange der Spießer sich über die Kinder stellt, kann er sich mit ihnen nicht verständigen. Dies macht einen erheblichen Teil des sogenannten Generationskonfliktes aus. Es geht hier nicht nur darum, daß unterschiedliche Meinungen aufeinander prallen, sondern vor allem darum, daß keine Verständigung möglich ist. Natürlich wird eine Verständigung auch dann verhindert, wenn jüngere Menschen sich über ältere stellen. Sie sind dann sehr schnell dort, wo sie sich gerade noch drüber mokierten.

Das Gegenmittel zur Hybris ist die Demut. Die Demut erlaubt uns, kleiner und damit energiereicher zu werden. (Je kleiner, desto mehr Energie: Kinder haben mehr Energie als Erwachsene; kleine elektromagnetische Wellen sind energiereicher als große; je kleiner subatomare Teilchen sind, um so energiereicher sind sie; je mehr ich eine Kugelschreiberfeder zusammendrücke, um so energiereicher wird sie; weiße Zwerge unter den Sternen haben mehr Energie als rote Riesen usw.) Die Überheblichkeit des Spießers macht ihn zwar groß, dafür aber um so energieärmer. Das ist der Grund, warum Spießer so entsetzlich langweilig sind.

Wer sich hingegen nicht als etwas Besseres als Kinder fühlt, kann wie sie in die Märchenwelt gelangen. Wenn Alice gedacht hätte: „Ach, das ist doch nur ein dummes Kaninchen, und rosa Kaninchen gibt es doch gar nicht. Das bilde ich mir sicher nur ein", dann wäre sie auch nicht ins Wunderland gekommen. Lewis Caroll, obwohl Dozent für Logik, war sich nicht zu groß, sich auf die Ebene der Kinder zu begeben, und deswegen konnte er ins Wunderland gelangen. Ein gutes Beispiel dafür, welch kraftvolle Kreativität und Originalität man bekommen kann, wenn man Kinder ernst nimmt, ist der Maler Paul Klee. Weil er Kinderbilder nicht ignorierte, mit einem Witz überging oder gar böswillig sabotierte, konnte er sich die kindliche Phantasie und

Kreativität zurückerobern. Dementsprechend strahlt sein Werk eine unbändige Energie und Lebendigkeit aus. Die offizielle Kunstpädagogik geht heute leider den genau entgegengesetzten Weg. Systematisch werden alle Ansätze der Kinder zu Kreativität und Originalität durch Nicht-ernst-nehmen zerstört. Übrig bleibt meist nur noch reine Imitation und Reproduktion. Falls ein Spießer die kostbaren Kunstschätze der Kinder ernst nehmen würde, könnte ihm ja ein Zacken aus der Krone fallen.

„Deshalb will ich meinen musikalischen Traum mit der vollkommensten Selbstentäußerung schreiben", bekennt Claude Debussy. „Ich will von dem Land in meinem Innern singen mit der naiven Treuherzigkeit eines Kindes."[32]

Wenn wir also die Kinder wirklich ernst nehmen, brauchen wir nicht mehr zu fragen: „Wann kommt das Himmelreich?" Denn das Himmelreich ist mitten unter uns.

Der größte König, Gott selber, ist zu uns herabgestiegen, ist klein und ein Kind geworden, damit er mit uns auf einer Ebene ist und wir ihn so verstehen können.

---

[32] Interview mit Henry Malherbe, Excelsior, 11. Februar 1911, zitiert nach: "Monsieur Croche", Stuttgart, 1974, S. 269.